AF264046

LA RÉVOLTE

DES

CIRCASSIENS

Par Jean CZYNSKI.

> Taisez-vous, monsieur Mauguin :
> Taisez-vous, monsieur Thiers.
> > *Victor Hugo.*
>
> Taisez-vous, monsieur Hugo.
> > *Victor Considérant.*
>
> Taisez-vous, tous.
> > LES BOYARDS.

Prix : 50 centimes.

Paris.

ROUX, LIBRAIRE-ÉDITEUR,
Rue des Gravilliers, 34.

1837.

IMPRIMERIE DE P. BAUDOUIN,
rue Mignon, n. 2.

LA REVOLTE

DES CIRCASSIENS.

De temps en temps les journaux disent un mot des combats qui sont engagés au pied du Caucase. Les feuilles allemandes fournissent le plus souvent ces nouvelles, qui se résument ainsi : « ... *Ils combattent... La Russie ne leur a pas encore porté le dernier coup*. Ces paroles ne ressemblent-elles pas à un bulletin de santé d'un peuple dont l'agonie n'aurait pas été déterminée par l'âge ou la faiblesse intérieure, mais que les boïards moscovites auraient morcelé pour l'anéantir à la face *des peuples civilisés de la chrétienté*, muets et indifférens à ce spectacle, qui, en contemplant ce massacre politique, ne savent rien dire de mieux, ni proférer d'autre cri, sinon : « La victime respire... elle n'est pas morte encore. »

Il ne faut pas conclure de ce préambule que je viens ici disserter sur le droit des gens, rappeler des traités rompus, ou parler de l'injustice flagrante du cabinet de Saint-Pétersbourg, moins encore désiré-je, un passage de Grotius où l'évangile en main, prêcher une croisade en faveur des peuples du Caucase, en invoquant pour eux l'assistance que l'on doit au plus faible quand il est opprimé par le plus fort. Les temps ne sont plus où, au seul cri de l'injustice, des peuples entiers se levaient pour secourir le malheur ; et, à cet égard, nous l'avons vu, des voix infiniment plus éloquentes que la mienne ont retenti dans le désert. Je ne l'ignore pas, et mon but aujourd'hui n'est que d'attirer l'attention sur les intérêts européens qui se décident en Orient. En outre, j'ai pu remarquer que les journalistes français sont facilement induits en erreur, en répétant les nouvelles qui leur arrivent de la Russie par l'intermédiaire de la censure allemande ; et que, tout entiers à la polémique intérieure, à la guerre civile qui dure depuis si long-temps dans un pays limitrophe, ils détournent leur attention des choses qui se passent en orient, comptent pour rien la guerre des Circassiens, et ne font aucun cas de l'indépendance du Caucase. Cependant, ceux qui ont étudié l'histoire de la Russie, et ont dénoncé l'ambitieuse perfidie de la politique moscovite, ont la plus profonde conviction que les Circassiens, dans leur résistance désespérée aujourd'hui, défendent et protégent de leur corps la Turquie, la Perse, l'Inde..... et l'Europe.

Oui, l'Europe même ; ce n'est pas une vaine parole lancée inconsidérément.

La lutte engagée au pied du Caucase n'est pas la suite d'une révolte éphémère, c'est, au contraire, d'une part, l'effet d'un système d'envahissement, de l'autre, une résistance désespérée. — Si la Russie parvient à s'emparer de ce point éminent, hérissé de montagnes, baigné par de grandes mers, de ce point qui ouvre les portes de la Turquie et de la Perse, oh! alors, qu'est-ce donc qui pourra protéger l'Europe et la soustraire au joug que lui voudront imposer les boïards moscovites ? Rien.

Bien convaincu de cette vérité, j'entreprends de tracer un tableau des combats que soutiennent les Circassiens, de dévoiler le danger qui menace l'Europe, et d'indiquer le seul moyen, selon moi, qui puisse la préserver du joug des barbares. Cette brochure n'a nullement pour but la critique de tel ou tel système politique, c'est uniquement l'expression de la vérité ; voilà pourquoi je la mets sous la sauve-garde des gens sages et vertueux, quelle que soit leur opinion.

***

LES CIRCASSIENS NE SE RÉVOLTENT PAS, ILS SE DÉFENDENT.

Depuis le règne d'Iwan Wasilewitch, la Russie, poursuivant à pas de géant le plan qu'il lui a tracé, marche vers une domination générale, et dans ce but, systématiquement arrêté, elle divise, brise et assujétit tous les peuples qui l'environnent. Chaque règne, en Russie, est marqué par de nouveaux envahissemens. Iwan Wasilewitch avait conquis la république de Nowogorod et le royaume de Kazan ; Iwan le terrible, sut se maintenir dans ces nouvelles conquêtes, et bientôt devint lui-même maître de la Sybérie ; Alexis Michaïlowitch, non seulement imposa son joug aux Kosaks, non seulement étendit sa puissance en Lithuanie, mais encore il fraya le chemin que suivirent, après lui, Pierre-le-Grand et Catherine. Le premier a conquis la Suède et une partie de la Perse, la seconde a démembré la Pologne et conquis la Crimée. Alexandre, fidèle à cette tendance, s'était emparé du grand duché de Varsovie, et combattait les Georgiens ; et Nicolas, enfin, veut agrandir ce nouveau cercle d'envahissement, en s'appropriant les plus belles provinces de la Perse et en soumettant les Circassiens, pour devenir à jamais le maître du Caucase.

Il existe toutefois une différence immense entre la politique des anciens et celle des nouveaux tsars. Jusqu'à Pierre-le-Grand et Catherine, les souverains de la Russie, peu connus en Europe, pouvaient sans hésitation, sans se compromettre, jeter le gant aux peuples plus faibles dont ils convoitaient la possession ; mais depuis que les tsars ont obtenu de l'influence sur les destinées politiques de l'Europe, ils ne peuvent plus à leur gré jeter des fers à qui bon leur semble, et, afin de ne pas rétrograder, ils ont admis l'envahissement comme système lent, mais sûr, et veulent lui donner un caractère à peu près légal en mettant en avant le bien général : ce ne sont plus aujourd'hui des promenades triomphales, comme en Crimée, à Kazan, à Astrakhan ; les tsars maintenant défendent les droits acquis, répriment des rebelles..... *font régner l'ordre !* et ils suivent cette marche avec tant d'habileté, que les hommes les plus éclairés et les plus dignes d'estime, les hommes qui pensent mûrement et qui abhorreraient la manifestation d'un système barbare, éblouis par ces dehors trompeurs, viennent eux-mêmes, sans s'en douter, servir les projets des tsars, en faisant retentir de toutes parts ces paroles, pour le moins étranges : « *Révolte des Circassiens........* insurrection des Circassiens, etc. ». Mais ce peuple n'a jamais été sujet de la Russie ; ces malheureux ne se révoltent point, ne s'insurgent point, ils se défendent seulement : ils repoussent des envahisseurs. Ils n'ont habituellement d'autre souci que de semer et de récolter leur blé turc dans les vallées, ou de garder leurs troupeaux sur les hauteurs. C'est, au contraire, la Russie, qui, voulant envahir leur pays, fait armer une flotte et vomit sur leur sol ses esclaves armés.

L'entière conquête du Caucase, comme point devant déterminer le complément de la puissance moscovite, avait été commencée par Pierre-le-Grand, et poursuivie par Catherine car, en même temps qu'elle excitait les passions et soufflait le feu d'une guerre intestine en Pologne, elle envoyait des savans pour connaître les peuples qui se trouvent entre la Mer Noire et la Mer Caspienne, elle ordonnait qu'on explorât les hautes montagnes où ils séjournent. Les hommes de lettres, en apprenant ce que faisait l'impératrice Catherine, trouvaient de nouveaux prétextes pour vanter la protection qu'elle accordait aux arts, tandis qu'au fond elle n'avait ordonné ces voyages qu'avec l'arrière pensée d'asservir les peuples Caucases. Ainsi, Gmelin, Pallas, [Guldenstaedt, dévoilaient à l'Europe l'existence de plantes et de monumens inconnus jusque là, et leurs dissertations excitaient en Russie la convoitise hardie des richesses du Caucase : ce sont des hordes barbares, disaient-ils à l'Europe, et en même temps ils tendaient les mains à la tsarine, au nom de l'humanité et de la science, pour *qu'elle protégeât ces peuples sauvages et les civilisât.* « La nation guerrière des Tcherkesses, dit Pallas, habite les montagnes situées en avant du Caucase ; elle s'étend jusqu'à la belle plaine voisine dont elle a chassé les anciens habitans ou soumis la plus grande partie. Ce sont des espèces de chevaliers qui observent entr'eux et vis-à-vis de leurs vassaux un système complet de féodalité, semblable à celui que les chevaliers allemands introduisirent autrefois en Prusse et dans la Livonie, MAIS IL EST MOINS DUR ET MOINS BARBARE. Si l'on considère que les princes et la noblesse composent seuls le corps de la nation, que leurs vassaux sont presque tous des esclaves conquis sur d'autres peuples avec lesquels ils étaient en guerre et qui parlent aujourd'hui la langue de leurs maîtres, *dont il éprouvent un traitement assez doux,* on sera tenté de juger avec moins de rigueur la constitution aristocratique *de cette brave race de paladins, qui ne peut supporter aucun joug, et d'excuser leur guerre séditieuse avec les kans de la Tauride et puis avec les Russes* (1).

« Leurs discussions intestines, ajoute le même auteur, et le partage du pouvoir entre beaucoup de petits princes indépendans, que l'intérêt désunit, *rendent heureusement*

____

(1) *Voyage dans les Gouvernemens méridionaux de l'empire de Russie.* Pallas, tom. I, p. 425.

ce peuple de héros moins formidable. Il serait fort à désirer que l'on pût en faire de bons vassaux, et leur inspirer *l'amour de l'ordre,* sans rien diminuer de leur étonnante valeur ; on aurait alors, sans contredit, la cavalerie légère la plus intrépide et la plus redoutable qu'on ait jamais vue sur un champ de bataille. »

Ainsi donc le savant Pallas convient que les Circassiens (ou Tcherkesses, c'est la même chose) sont un peuple vaillant et doux ; que ce sont des héros qui se conduisent, à l'égard de leurs vassaux, avec plus de douceur que les seigneurs prussiens et livoniens, bien que ces vassaux soient leurs prisonniers de guerre ; mais en même temps, en délégué habile du cabinet de Saint-Pétersbourg, le même auteur ajoute, que c'est un peuple *inquiet,* qu'il faudrait *introduire l'ordre* dans ce pays, et faire de ces hommes libres autant de vassaux, présageant d'ailleurs qu'ils pourraient former la cavalerie la plus remarquable.

Il faut ici rendre ce témoignage à la Russie, qu'une fois qu'elle s'est dit qu'il lui fallait l'empire du monde, elle n'a rien négligé pour y parvenir ; elle y va hardiment, avec habileté, *per fas et ne fas,* ouvertement ou en secret, par la ruse ou par la force, par l'intermédiaire des savans ou par celui des kalmoucks armés : rien ne la retient ; mais ce qui nous étonne davantage, et sur quoi nous ne saurions assez appeler l'attention, c'est l'indifférence de l'Europe occidentale. On y connaît parfaitement l'histoire des Romains et des Grecs dans ses moindres détails, et on ignore complètement la véritable situation de la société en Russie. Qui croira, dans cent ans, que les habitans de l'Europe occidentale, gouvernés sous l'impulsion des ambassadeurs moscovites, n'ont pas eu la moindre connaissance, la moindre idée même de l'état social et politique de Moscou ? — qui croira, qu'on personnifiait tout le mal dans les tsars, tandis qu'ils n'étaient que des instrumens dociles, que les boïards empoisonnaient ou étranglaient selon leur bon plaisir, que l'on ne savait rien du sort affreux des malheureux esclaves enchaînés par des seigneurs barbares; qui croira qu'on ne connaissait pas les pays que la Russie a conquis, ni ceux qui luttent encore avec elle?— Croira-t-on qu'afin d'asseoir un jugement sur le caractère, le nombre, la religion, la langue de ces peuples militans, on soit obligé, en France, par exemple, d'avoir recours et de s'en rapporter à ce qu'en ont bien voulu dire les historiens russes, si toutefois on ne préfère s'en tenir aux bulletins des gazettes de Berlin ou de Vienne?

Et pourtant, il est historiquement notoire qu'un des peuples les plus courageux est aux prises maintenant et se débat avec l'empire le plus puissant de la terre, qu'il se défend avec un courage inouï; et nul ne sait, en France, *qui combàt, où l'on combat et le nombre des combattans...* et aucun homme d'état ne s'est porté sur le champ de bataille pour s'assurer de la nature de la lutte, et secourir ceux qui repoussent l'agression, sinon en leur procurant des armes et de l'or, du moins en leur donnant un conseil salutaire.

En l'absence totale de sources plus certaines, je vais prouver par des auteurs russes eux-mêmes, qu'en effet *les Circassiens ne se soulèvent pas, mais qu'ils se défendent* (1).

Les premiers temps de l'histoire des Circassiens sont enveloppés dans les ténèbres de l'incertitude. Il est sûr toutefois que ce peuple fut quelque temps sous la domination des khans de Crimée. Suivant Pallas, après le partage de cette province, les Circassiens se mirent sous la protection du tsar Iwan Wasilewitch. Cette protection consistait à leur envoyer un secours qu'ils demandaient, et que le tsar

______

(1) Il existe, en effet, un *Voyage en Russie*, par le chevalier Gamba. Ce livre est écrit sous l'influence enchanteresse qu'exerçait si bien l'empereur Alexandre, et d'après les renseignemens que lui donnait l'aristocratie russe.

refusa. — Pallas convient encore cependant, que vers le milieu du siècle qui suivit l'époque dont nous venons de parler, les Circassiens passèrent encore sous l'empire des khans. Mais, incapables de subir long-temps un joug quelconque, les Circassiens auraient résolu de s'en affranchir. La lutte entre eux fut longue et terrible.

Au commencement du dix-huitième siècle, les Circassiens, après des combats héroïques, se réfugièrent dans les montagnes situées sur les bords de la rivière Baksan, et dans les défilés les plus étroits, dans les isthmes les plus resserrés, ils élevèrent un rempart nommé encore aujourd'hui, *muraille de la Crimée*. Enfin repoussant constamment un joug oppresseur, et harcelés de tous côtés, les Circassiens se décidèrent à surprendre l'ennemi par trahison. Le tribut annuel qu'exigeait le khan de Crimée était moins onéreux qu'offensant pour la noble fierté des paladins circassiens ; il se composait de l'envoi de plusieurs jeunes filles qui, en Circassie, passent pour les plus belles du globe; de quelques chevaux de pur sang et de quelques riches armures. Epuisés par un combat inégal et trop long, les Circassiens annoncèrent enfin au khan qu'ils [consentaient à lui rendre hommage, et passant tout à coup des sentimens de haine à ceux de bonne harmonie, feignant de désirer une réconciliation complète, ils offrirent d'envoyer deux fois autant de jeunes filles, de chevaux et d'armures. Un banquet solennel précéda ce traité d'éternelle alliance… mais, au milieu du festin, les convives tatares ayant voulu s'adjuger le tribut qui devait leur être abandonné peu d'instans après, les Circassiens fondirent sur eux, massacrèrent et le khan et ses courtisans ; les combats sanglans se renouvelèrent, mais ils brisèrent enfin ce joug, et réconquirent leur indépendance.

Bientôt après cependant un ennemi se déclara, plus cruel, plus barbare et infiniment plus dangereux que le premier.

La Russie, cherchant à s'ouvrir les chemins de la Turquie, de la Perse et de l'Inde, sentait le besoin de conquérir le Caucase. On l'a vue, dans chacune des guerres qu'elle a soutenues contre la Turquie et la Perse, empiéter de plus en plus sur le territoire caucasien, y établir de nouvelles frontières, soit en fomentant des haines et provoquant des guerres entre des peuples dont la coalition eût fait la force, soit en protégeant ceux-ci, anéantissant ceux-là, établissant sur un sol étranger des colonies militaires, soit en corrompant au prix de l'or les grands seigneurs, toujours la Russie envahissait l'un après l'autre les pays caucasiens : et la Turquie et la Perse, divisées, soumises, abandonnées, signaient des traités avec la Russie par lesquels elles lui concédaient des provinces qu'elles ne pouvaient pas défendre, et dont légalement elles n'avaient aucun droit de disposer. Les pays du Caucase devinrent donc la proie de la Russie ; un seul peuple résista, et les efforts des généraux Fabrycius, Zubow, Suwarow, Potemkin, Gudowicz, Yermolow et Paskiewicz se brisèrent contre la valeur extraordinaire des braves Circassiens.

Ils professaient la religion chrétienne, et ce n'est qu'après avoir éprouvé jusqu'où les hordes moscovites chrétiennes poussaient l'amour du prochain, et quelle était leur morale, que les Circassiens se vouèrent à l'islamisme (1). Afin d'avoir une idée plus exacte encore de ce qui les avait déterminés à cette nouvelle profession, il suffira de citer les paroles du voyeur Klaproth, envoyé aux frais du gouvernement russe dans les montagnes du Caucase. Après avoir fait mention des fréquens combats que les Circassiens livraient aux armées russes, il ajoute : « *Ils furent souvent pris en flagrant délit, et sans égard pour la qualité de*

---

la personne, on attachait *le délinquant* sur un canon, et on lui appliquait une sévère correction, ce qui ne tarda pas à refroidir *leur ardeur guerrière*. » (Tome 1, p 357) Peut-on assez s'étonner qu'en présence de faits semblables, il y ait des hommes qui applaudissent aux vues envahissantes de la Russie, et qui se réjouissent de ce qu'elle *civilise* des pays barbares en détruisant les idoles et y introduisant le christianisme. Le même auteur dit', à la page 364, que les Circassiens portent la couleur noire en signe de deuil, mais qu'ils s'en exemptent à l'égard de ceux des leurs qui sont morts en combattant contre les Russes , *parce que l'on croit qu'ils vont tout droit en paradis.*

Enfin, l'écrivain que nous citons avoue lui-même que les Circassiens ne se sont jamais soumis à aucune domination, que c'est une nation indépendante.

« Les Kabardiens, dit-il (les Kabardiens, les Tcherkesses , et, comme nous les nommons plus proprement, croyons-nous , les Circassiens , car ils sont mieux connus sous ce nom, sont absolument un seul et même peuple), sont depuis soixante ans déclarés vassaux de cet empire ; mais ils ne le sont que de nom, *puisqu'ils ne paient aucun impôt et ne rendent aucun compte de leur conduite dans leur pays.* » Page 534, tome 1 (*Voyage au Caucase*).

Il est important de faire remarquer que cet écrivain voyageur avait reçu ses instructions de M. Nowosiltzow , sénateur de l'empire russe, que le gouvernement le faisait voyager à ses frais, et qu'en conséquence on ne peut nullement l'accuser d'être hostile à la Russie. M. Klaproth fut envoyé au Caucase en 1808, mais son livre n'a paru qu'en 1812.

Par tout ce que nous venons de citer, il est aisé de se convaincre que les Circassiens, bien loin d'être des révoltés , des fomentateurs de troubles qui violent les lois ou rompent les traités, sont au contraire des habitans paisibles, cultivateurs et bergers, qui n'échangent le soc de la charue contre les armes qu'afin de repousser les envahisseurs, et ignorent sans doute qu'en défendant pied à pied ce dernier retranchement que convoite à toute force la Russie, ils lui opposent le plus puissant obstacle à la conquête de la Turquie, de la Perse et de l'Inde.

CARACTÈRE DES CIRCASSIENS, LEUR NOMBRE, LEUR POSITION POLITIQUE.

Il n'est pas rare, en Orient, de rencontrer des peuples qui vivent sans princes ni seigneurs, qu'un lien fraternel unit seul, et que régissent quelques chefs choisis parmi eux, recommandables par l'âge et le mérite. Ces chefs élus sont justiciables de leurs actes. Parmi ce nombre on a compté les Kosaks du Dnieper et du Don, avant qu'ils fussent asservis par la Russie, avant que leurs attamans devinssent ses vassaux, et eux ses sujets. La constitution des Circassiens est toute différente. Ce sont des chevaliers gonvernés par des princes, mais qui eux-mêmes ont la toute-puissance sur leurs sujets. Leurs institutions offrent beaucoup d'analogie avec celles des anciens Polonais; et la ressemblance avec ces derniers est plus frappante, quand on réfléchit à leur valeur extraordinaire et à ce même amour de l'indépendance. Et ce qui est plus remarquable encore dans les rapprochemens que l'on peut établir entre ces deux peuples, à part le même mode chevaleresque d'armure, c'est que les Circassiens, à l'instar des anciens Polonais, avaient la coutume, qu'ils conservent encore, de se raser la tête, ne laissant croître qu'une petite mèche de cheveux; ils portent aussi de petites moustaches. Il n'est pas impossible que continuellement en guerre, soit avec les khans des Tartares, soit avec les Russes, adversaires contre lesquels les Polonais eurent toujours à se défendre, les Circassiens aient éprouvé quelque sympathie pour ces derniers, et qu'ils aient voulu introduire chez eux les institutions et les modes polonaises (1).

Ce qui caractérise surtout les Circassiens, c'est leur esprit chevaleresque ; et afin de mieux exercer leur adresse pour les combats, afin d'aguerrir plus certainement leur ame, ils renoncent aux deux sentimens les plus doux de la vie, à l'amour conjugal et à l'amour paternel. Ils possèdent les plus belles femmes du monde, toutefois ils envisagent comme une faiblesse de céder aux attraits du sexe ; ils vivent séparés de leurs femmes, ne se montrent jamais avec elles en public. Le jeune et nouvel époux est obligé de s'introduire furtivement, la nuit, par la fenêtre, dans le logis de sa femme. Afin que les caresses n'amollissent point l'ame des enfans, on les ravit, dès le berceau, à celles de leurs parens, on les confie à des voisins ou bien on les fait élever dans des contrées éloignées du lieu de leur naissance. Un fils ne connaît son père, celui-ci ne revoit son enfant, que quand, habile au maniement des armes, il peut combattre l'ennemi : alors il paraît devant son père, qui lui fait jurer qu'il vengera l'outrage de ses ancêtres jusque dans la postérité de l'agresseur.

Deux sentimens se propagent dans tous les temps avec une pieuse vénération chez les Circassiens, ce sont : l'hospitalité et la vengeance.

L'ennemi qui se réfugierait sous le toit d'un chevalier circassien est certain qn'il le défendra au péril de ses jours : mais ce peuple pense en général que *le sang versé veut du sang*. Les descendans les plus éloignés doivent venger l'assassinat de leur ancêtre dans les descendans du

---

(1) On voit de loin en loin des églises catholiques sur les montagnes du Caucase. Les voyageurs affirment que l'on a conservé le souvenir que le clergé s'y distinguait par son humanité et une vie exemplaire.

meurtrier : D'où il résulte que des familles entières conservent une haine mortelle entre elles ; que leurs forces sont divisées, et ce sont précisément ces dissentions intestines qui « RENDENT, comme dit Pallas, CE PEUPLE DE HÉROS MOINS FORMIDABLE. »

Aujourd'hui que, dans la lutte engagée, il s'agit de la défense du dernier plateau libre, de l'indépendance de tous, les haines héréditaires de familles s'éteignent parmi les Usdens (nobles) Circassiens ; et le serment de vengeance n'est prêté que contre les envahisseurs. La valeur extraordinaire des Circassiens et l'éclatante beauté des femmes de leur pays, ont été la principale cause du désir qu'ont toujours manifesté les sultans, de compter des Circassiens parmi les janissaires, et d'embellir leurs harems de ces rares beautés.

C'est à une fille de Circassie qu'il a été donné de toucher le cœur du plus cruel tzar de Moskou ; la femme d'Iwan le terrible était Circassienne.

Ce courage héréditaire si surprenant, cette austère réserve à l'égard des femmes, ont fait présumer à plus d'un savant que les contrées que possèdent les Circassiens avaient été jadis le séjour des Amazones unies aux chevaliers qui avaient conquis le Caucase.

Il serait impossible d'assigner les frontières des peuples qui combattent aujourd'hui au pied du Caucase, et plus difficile encore de déterminer leur nombre ; car selon le progrès des armées moscovites vers la Turquie ou la Perse, en raison de la chute de tant de puissances, se rétrécissait aussi le cercle des Caucasiens indépendans. La Russie a toujours obtenu, à la suite d'un nouveau traité, un terrain de plus dans le Caucase. La Porte et la Perse étaient forcées d'acheter la paix aux dépens d'autrui, et les historiens ou les savans qui écrivaient sous l'influence du gouvernement russe, présentaient leur condescendance comme le résultat d'un droit, et par des récits controuvés, induisaient en erreur l'Europe entière. Ils n'attribuent aux Circassiens, proprement dits, qu'un territoire de peu d'étendue sur les rives de la Terek, de la Malk, de la Kuban et de la Souncha, tandis que ce territoire s'étendait jusqu'à la Crimée ; jusqu'au au bord du Don.

On ne saurait apprécier au juste la population de ces contrées, car le recensement ne s'y fait pas par tête, mais par famille : quoi qu'il en soit, en écartant certaines divisions de races ou de tribus, en prenant les Circassiens comme mesure et représentation des peuples qui combattent à cette heure au pied du Caucase, pour maintenir leur indépendance, on peut affirmer que toutes les tribus Caucasiennes réunies, peuvent mettre sur pied au moins cent mille combattans aussi bons cavaliers qu'excellens fantassins.

« Les Tatares du Caucase réunis, c'est ainsi que les désigne Lévesque, peuvent lever une armée de cent mille cavaliers, quoique la plupart ne puissent fournir, en particulier, plus de cinq mille hommes. » L'historien Lévesque compte sur cent mille hommes ; j'ai l'intime conviction que les peuples du Caucase pourraient en armer bien davantage, alors que l'amour de l'indépendance et l'horreur de l'esclavage les appelleraient au combat.

Maintenant, jetons un moment les yeux sur la carte, et en apercevant cette chaîne de montagnes baignées à l'orient par la Mer Noire, à l'occident par la mer Caspienne, supposons que la Russie s'en soit emparée tout à fait, qu'elle ait détruit enfin tout ce qui pouvait lui en disputer la possession. Alors qui est-ce qui soustraira la Turquie asiatique et la Perse au joug de la Russie ? Elle combat à outrance les Caucasiens, en ce moment, et cependant elle a déjà enlevé Erywan ; déjà ses armées ont bivouaqué sous Constantinople. Une fois maîtresse de tout le Caucase, qui re-

tiendra la Russie, quel frain lui sera imposable ? Loin d'en
prévoir aucun, elle aura recueilli pour fruit de cet envahissement trois avantages incalculables : 1° une nouvelle
force imposante tirée du Caucase même ; 2° de nouveaux
auxiliaires dans les Kosaks du Don et de la Mer Noire,
destinés à combattre les Caucasiens ; 3° enfin une position
inexpugnable et très riche, d'où, en cas de succès, elle tire-
rait des vivres, des chevaux et des armes, ou qui, en cas
de revers, lui offrirait une retraite sûre, un rempart formidable.

Nous ne saurions le répéter assez souvent, oui, les destinées de la Turquie, de la Perse et de l'Inde, se décident
aujourd'hui au pied du Caucase.

UNIQUE MOYEN DE RETENIR LA RUSSIE ET DE PARALYSER SES ENVAHISSEMENS.

La pauvreté des classes ouvrières est vraiment alarmante
aujourd'hui à l'occident de l'Europe. Les amis de l'humanité, dans leur sollicitude pour les malheureux, ainsi que
ceux qui se dévouent au maintien de l'ordre social, cher-
chent partout les causes de cette misère, et inventent de
nouveaux moyens pour prévenir le désespoir des ouvriers
qui veulent vivre en travaillant, et qui pourtant ne trouvent pas d'occupation ; mais leur observation ne va pas
jusqu'à découvrir la vérité : ils ne voient point que c'est la
Russie qui appauvrit l'Europe. C'est elle qui, en interdi-
sant la moitié du globe aux denrées françaises de toute
nature, a porté un coup mortel à l'industrie de la France,
a paralysé la circulation des capitaux, enlevé à des millions
d'ouvriers leurs moyens d'existence. C'est par une conséquence du système militaire et commercial de la Russie,
que les fabriques languissent ici, que les ouvriers de Lyon
n'ont pas de travail.

Le nord et l'orient sont des pays agricoles ; la fertilité y est si abondante, qu'avec une agriculture et une administration bien entendues, la Russie actuelle suffirait seule à l'entretien du monde entier. Les blés et les produits bruts, comme les pelleteries, la cire, le miel, le suif, le kaviar, le lin et le chanvre, le talque, le salpêtre et le souffre, le fer etc., devraient donc passer du nord à l'occident, et en revanche, le nord, l'orient et l'Asie devraient permettre une libre entrée aux produits de l'industrie occidentale : voilà du moins quelle était la disposition naturelle suivant les glèbes, les climats, les peuples et leur degré de civilisation. Nous devons ajouter ici que toutes les classes aisées du nord et de l'orient ont une singulière prédilection pour les produits de l'industrie française, et qu'elles sacrifient volontiers leurs richesses pour se procurer des objets de galanterie et de luxe. Qu'est-il advenu ? la Russie s'est entourée de tous côtés d'un cordon douanier infranchissable ; elle a prohibé les marchandises et les denrées françaises, laissant inculte un terrain de 200,000 milles carrés ; elle a fait venir dans son sein des industriels et des manufacturiers de l'Allemagne, et elle impose actuellement à l'Asie des produits grossièrement travaillés et très ordinaires ; la présence d'un étranger est mêmes uspecte dans une ville commerciale. Pourra-t-on croire, dans l'avenir, qu'à l'heure qu'il est, un ukase de l'empereur Alexandre, voulant que tout étranger non muni au préalable d'une autorisation du consul russe, ne puisse entrer à Tyflis, ce point intermédiaire entre l'Europe et l'Asie, soit en pleine vigueur (1).

Enfin, si ce n'est dans la crainte de l'indépendance compromise de l'Europe, du moins dans l'intérêt intérieur

---

(1) Cet ukase se trouve textuellement cité dans le *Voyage en Russie*, par le chevalier Gamba, consul à Tyflis.

bien entendu, dans l'appréhension de la banqueroute, de la misère, de la faim, les états de l'occident doivent mettre un terme aux empiétemens de la Russie, changer le système commercial entre le nord et l'orient, et recouvrer pour l'industrie la libre entrée de la moitié du globe.

Plusieurs feuilles ont parlé d'un rapprochement sincère entre les cabinets de Pétersbourg et des Tuileries. — C'est une plaisanterie. Les rapports d'amitié qui existeraient entre deux grandes nations ne pourraient se tenir long-temps secrets. — Le lendemain du jour où l'on aurait signé un traité franc et loyal entre la France et la Russie, on s'en apercevrait bien à la Bourse, l'ouvrier lyonnais en ressentirait les effets. — Les relations d'amitié pour les peuples ne consistent point en belles paroles, en démonstrations polies de part et d'autre, mais elles reposent sur des liens, des intérêts communs, sur une entière liberté commerciale, sur l'échange des richesses mutuelles. — Quant à moi, je ne croirai à l'existence de cette intimité que lorsque j'apprendrai que Pétersbourg, Moscou, Riga, Archangel, Odessa, Anape, Azow, Tyflis, etc., seront ouverts aux produits français, et que la bannière nationale sera déployée sur les mers Baltique, Noire et Caspienne. Alors, les capitalistes pourront établir quatre fois autant de fabriques, et offrir aux ouvriers un salaire quatre fois plus fort que celui d'aujourd'hui (1).

Outre cela, qui est-ce qui occasionne les plus grandes dépenses du budget, si ce n'est le maintien des armées ? Et peut-on penser au désarmement général en présence de

---

(1) J'apprécie certainement la supériorité du système d'association, découvert par Fourier, sur celui du morcellement; mais, je le demande aux disciples de son école, en présence du système russe, pourront-ils jamais réaliser leurs plans ? Qu'importera-t-il que les marchandises soient et meilleures et moins chères, qu'il y en ait en plus grande quantité, si le débouché de la moitié du globe leur est interdit ?

la Russie envahissante, quand elle maintient en permanence un million de baïonnettes ?

Cependant, et l'indépendance de l'Europe, et la banqueroute qui menace les états de l'Occident, et la misère, et la faim, ne sont-ils pas des motifs assez puissans pour justifier une guerre, c'est-à-dire un secours armé porté à la Turquie et à la Perse en danger, dont les seuls défenseurs aujourd'hui sont les Caucasiens ? Toutefois, puisqu'à présent le système de la paix a prévalu, puisque pour acheter cette paix pernicieuse, les nations de l'occident sont prêtes aux plus grands sacrifices, il est de mon devoir d'indiquer le seul moyen qui, d'après ma manière de l'envisager, puisse couper court aux envahissemens de la Russie, sans guerre, sans frais aucuns.

Le moyen que j'indique existe tout entier dans *l'assistance morale* que les peuples de l'Occident doivent aux vaillans Caucasiens. Le sort des armes, quand on combat avec la Russie, qui se compose de boïards et d'esclaves, de Moscovites et de cent autres races, ne dépend pas du nombre de soldats, mais bien du système adopté pour combattre. N'avons-nous pas vu que cette même Russie, qui avait brisé la puissance de Charles XII, et repoussé la coalition européenne, s'ébranlait dans ses fondemens quand des Kosaks couronnés, ces prétendus imposteurs, étaient à la tête des esclaves révoltés ? Ne suffit-il pas de citer le faux Démétrius, Stenko, qui se proclama tzar d'Astrakhan, Puchatchew, qui se fit appeler Pierre III, pour affranchir les esclaves moscovites. Les destinées de la Russie dépendent donc essentiellement du mode de combat, qui consiste dans l'armement des Russes opprimés et des peuples subjugués contre leurs oppresseurs. La Russie ne peut être vaincue que par elle-même.

Pour y parvenir, il faut centraliser les différentes familles, les différentes races et tribus des Caucasiens qui combattent séparément et partiellement aujourd'hui, il faut donner une marche régulière au pouvoir, et changer le système défensif contre un système opposé.

Le terrain sur lequel se dispute la victoire en ce jour, est précisément la terre classique des révoltes des Kosaks.

Les fameux Kosaks Zaporogues, dont Catherine avait détruit la capitale, que des bords du Dniéper, elle avait transplantés sur ceux du Kuban, sont limitrophes des Circassiens. Les Kosaks du Don, que Stenko avait conduits contre Moscou, à la tête desquels il avait fait son entrée triomphale à Astrakhan, sont envoyés aujourd'hui contre les Circassiens.

L'indépendance des Kosaks proclamée au pied du Caucase, l'affranchissement des esclaves sincèrement annoncé, sous la conduite d'nn chef habile qui aurait conçu la grande pensée de délivrer l'Europe du joug moscovite, et de briser les chaînes des peuples d'Orient, suffiraient pour dompter l'orgueil des boïards, garantir le bien-être de l'Europe, et assurer le bonheur de la Russie renaissante.

Deux objections peuvent se présenter ici. *La révolte des esclaves est une utopie*, diront les uns ; les autres soutiendront que c'est *la propagande de troubles et de désordres révolutionnaires.* Quant à la première, nous n'avons qu'à consulter l'histoire, nous y verrons ce qu'a fait Stenko, un simple Kosak, sur les bords du Don et du Wolga. D'abord, il n'avait eu que quelques centaines de compagnons ; bientôt il les compta par milliers ; sa troupe se grossit des esclaves qui accouraient de tous côtés se ranger sous sa bannière ; enfin, les soldats quittaient leurs rangs, fraternisaient et combattaient avec les révoltés ; et alors tombèrent sous le pouvoir de ce chef intrépide les villes de Kazan, d'Astrakhan ; vingt peuples vinrent se ranger du côté du vainqueur, qui, énorgueilli de tant de succès, va attaquer le tzar dans sa capitale. Il fait publier : « *Qu'il va* rendre au peuple ses droits usurpés par une noblesse arrogante, et supprimer les odieuses milices qui servent de satellites au tyran, abolir la servitude, et réduire ces fiers boïards au point d'envier la condition de leurs esclaves (1) ? »

Les triomphes de Puchatchew n'ont pas été moins étonnans ; lui aussi, s'est fait une armée avec laquelle il fit trembler les boïards et Catherine la grande ; et s'il a obtenu de brillans succès, ce n'a pas été seulement parce qu'il était un homme extraordinaire, mais parce qu'il brisait les fers des esclaves.

Pour ce qui est de la seconde objection, relative à ce que nos idées seraient de la propagande démagogique, il n'y a qu'un fait à citer.

Eh quoi ! il aurait été permis aux boïards de Russie, lorsqu'ils voulurent soumettre la Pologne, d'allumer une telle rage dans le cœur des paysans, qu'ils tombaient sur les nobles, les enterraient vivans jusqu'au cou, et leur tranchaient la tête avec une faux, comme on coupe le blé (2) ; il leur eût été loisible de massacrer, de transplanter des peuples entiers, et il ne serait pas permis aux peuples de se révolter et de se défendre !

Ah ! si un habitant de l'occident connaissait de près le sort de l'esclave, celui du soldat russe ; s'il voyait ces pauvres êtres meurtris et déchirés par le knout, abîmés de travail, mourant de froid et de faim ; s'il voyait ces pauvres filles esclaves, qui ne sont pas même maîtresses de leur pudeur, que les boïards mettent sur une carte, comme ils y mettent un cheval ou un chien ; à quelque opinion politique qu'il appartînt en France, il serait fier d'être *un*

____

(1) Lesur, *Histoire des Kosaks*, tom. II, p. 40. Sthralenberg.
(2) Rhullière.

révolté en Russie ! car il ne faut pas juger de cet empire d'après l'accueil fait dans les salons de Pétersbourg, ni d'après les manières des grands seigneurs moscovites.

Les bornes de cette brochure ne me permettent pas de m'étendre davantage ni de mieux développer ma pensée, peut-être un jour accomplirai-je ce devoir. En attendant, je le répète :

1° Les Circassiens ne se révoltent pas, ils se défendent ;

2° L'indépendance du Caucase est indispensable à celle de la Turquie et de la Perse ;

3° La victoire ou la défaite des Circassiens est tout entière dans leur système de combat ;

4° Il est important de centraliser le pouvoir qui jusqu'ici, au Caucase, est épars entre de nombreux princes ;

5° Il faut entraîner dans une lutte commune tous les peuples du Caucase ;

6° Il faut proclamer l'indépendance des Kosaks ;

7° Etablir une légion de Russes libres ;

8° Tendre la main aux esclaves moscovites ;

9° Et au lieu d'égorger les prisonniers de guerre, les enrôler dans la légion des Russes libres.

On trouvera sur la ligne du Caucase les élémens nécessaires pour former une légion de Russes libres dans les condamnés politiques. C'est là que la Russie envoie tous les officiers mécontens. L'émigration polonaise compte dans son sein des militaires russes qui, en désirant le bonheur de leur patrie, sont loin de le vouloir fonder sur les larmes du peuple. La Turquie possède sur son territoire des restes des Kosaks zaporogues, qui n'ont rien oublié ni de leur histoire, ni de leur ancienne liberté, ni de leur vieille gloire.

Il nous reste à répondre à ceux qui font peu de cas de la puissance croissante de la Russie. Nous leur rappellerons qu'à l'avènement au trône de Pierre-le-Grand, en 1689, la Russie avait une circonférence de 263,900 milles carrés, et 16 millions d'habitans, et qu'aujourd'hui, avec ce qui a été conquis, démembré, envahi, sa circonférence est de 367,494 milles russes carrés, et 56 millions d'habitans.

En 1689, la Russie n'avait pas un bâtiment de marine, aujourd'hui trois mers sont couvertes par les flottes russes. Sous Pierre-le-Grand, il était difficile de trouver un officier qui sût lire; aujourd'hui dans les écoles militaires, tous les ans, cent mille sous-officiers apprennent à obéir et à commander. Alors on ne connaissait point de colonies militaires, aujourd'hui sur toute la surface de l'empire russe, le système militaire adopté, transforme les esclaves en cultivateurs guerriers, tout en maintenant l'esclavage.

Le temps ne serait-il donc pas venu de porter une attention sévère sur ces hordes belliqueuses, et ne convient-il pas, afin de préserver l'Europe de leur invasion, de faire tourner leurs armes contre ceux-là même qui les leur ont fournies et les maintiennent dans les fers, et qui menaçant tous les autres peuples, ne veulent leur réserver que la misère, le désespoir et des chaînes ?

Qu'ainsi donc l'intérêt de tous accomplisse ce que l'humanité seule n'a pu obtenir; autrement les paroles des patriarches moscovites pourront se réaliser un jour, qui depuis Iwan Wasilewitch jusqu'à Pierre-le-Grand, répétaient aux tzars (aujourd'hui chefs suprêmes de l'Eglise grecque): « il n'y aura qu'un bercail, et c'est le tzar qui en sera le berger! »

FIN.

SOUS-PRESSE :

IN-8°.

LA RUE AUX OURS, par madame Mélanie Waldor, 1 vol.

LE ROI DES ROSSIGNOLS, par E. Gonzalès et Gentilhomme, 2 vol.

L'HÉRITAGE DE LA FAMILLE, par Roland Bauchery, 2 volumes.

LE MARQUIS DE POMBAL, par madame la baronne Aloïse de Carlowitz, 2 vol.

UN AMOUR DE GRANDE DAME, par Félix Servan, 2 vol.

LA RUE DE LA FIDÉLITÉ, par le baron de Bilderbek, 2 vol.

RICHARD L'INSENSÉ, par Arthur Fleury, 1 vol.

LES DEUX ÉCHELLES, par H. Demolière, 1 vol.

UN ROMAN COMIQUE, par Marc Michel, 1 vol.

IN-12.

LES BONNES D'ENFANS, roman de mœurs, par Keller et Saltret, 4 vol.

LES TROIS BARONNES, ou l'amitié des femmes, par l'auteur de la Sœur de Charité, 4 vol.

UN VERRE D'EAU, ou l'auberge de la Licorne, par Marc-Michel, 4 vol.

EN VENTE :

Brochures de Jean Czynski.

LES ISRAÉLITES EN POLOGNE : 1 fr.
DEUX MOTS SUR LES ALLEMANDS : 1 fr.

PARIS, IMPRIMERIE DE P. BAUDOUIN, RUE MIGNON, 2.

www.ingramcontent.com/pod-product-compliance
Lightning Source LLC
Chambersburg PA
CBHW061817060726
47597CB00008B/3238